Dirk Büsken

DENKWERK

Versuch einer philosophischen Lyrik

50 Gedichte

Dirk Büsken, geboren am 18. Februar 1972 in Borken (Westf.), studierte Philosophie, Psychologie und Soziologie in Köln, Bonn und Hagen. Nach Veröffentlichungen in lyrischen Anthologien liegt mit ‚Denkwerk – Versuch einer lyrischen Philosophie' seine erste Monographie vor, die den Zwischenraum von Dichten und Denken erkundet.

Bibliographische Information der Deutschen Nationalbibliothek: Die Deutsche Nationalbibliothek verzeichnet diese Publikation in der deutschen Nationalbibliografie; detaillierte bibliografische Daten sind im Internet über http://dnb.dnb.de abrufbar.

© 2015 Dirk Büsken

www.dirkbuesken.de

Herstellung und Verlag:
BoD, Books on Demand, Norderstedt

ISBN: 978-3-7347-3438-0

VORWORT

Dichtung und Philosophie – ein Widerspruch? Der „ernsthafte" Philosoph wird sich um Distanzierung bemühen, der redliche Dichter nicht. Dieser Versuch einer philosophischen Lyrik geht jedoch davon aus, dass es aus beiden Perspektiven einen legitimen „Zwischenraum" geben kann. Die Legitimation ist schlicht das Wort, der *Logos*, dessen weiter Bedeutungsspielraum dichterische und philosophische Grenzgänge zulässt. Denken und Dichten bedeuten etwas ins Werk zu setzen, die Neuschöpfung einer Weltsicht aus ihren vorhandenen Elementen. So ist der Versuch einer philosophischen Lyrik gleichsam der Versuch einer lyrischen Philosophie, welche im Rahmen eines maximalen „Kompressionsmodus" ein Maximum an extensiven Gedankenspielen zulässt.

Alle Gedichte können auch als Lehrgedichte in didaktischer Absicht Verwendung finden, insofern sie kapitelweise eine Referenz zu sieben philosophischen Themenkreisen besitzen, einige unter ihnen zu konkreten Philosophen, namentlich folgende:

Vom Seienden entzweit (Aristoteles)
Aus Mangel an Natur (A. Gehlen)
Ist die neue Welt wirklich in so exponentieller Ferne? (A. Gehlen)
Demütig bleibe der Mensch (J.W. von Goethe)
Wer die Natur des Menschen sucht (N. Hartmann)
Aus Pflicht handle der Mensch (I. Kant)
Der Mensch bedarf der Tugend (S. Kierkegaard)

Im Zweischritt mit Natur und Ding (K. Marx)
Es gab jene, die wollten Gesetze des Wahrseins
(F. Nietzsche, M. Heidegger)
Sitte, verbirgst so mühsam deine Heilsamkeit
(F. Nietzsche)
Wo einige Oasen sahen (F. Nietzsche)
Mensch, dein Körper ein Beiwerk (H. Plessner)
Tritt ein und dann hervor (J. P. Sartre)
Ein Sonderling absonderlich (M. Scheler)
Natur, mein Fetisch (M. Serres)
Ungelenk stehen sich Mensch und Welt gegenüber
(G. Simmel)
‚Bleib doch noch, schon bald sind wir tot'
(A.N. Whitehead)
Natur, kann ein Gedicht von deiner Einheit sprechen?
(C.F. von Weizsäcker)

Das 50. Gedicht *Epilogos* besteht aus 49 Zeilen, die allesamt in den 49 voran gegangenen Gedichten auftauchen. Somit wird folgende Hypothese dem Leser zur Veri- bzw. Falsifikation überlassen: Dichterische Freiheit kann philosophische Kohärenz herstellen.

Köln, April 2015   *Dirk Büsken*

Inhaltsverzeichnis

VORWORT	5
Erkenntnis	9
Geschichte	17
Ethik	25
Mensch	33
Wahrheit	41
Natur	49
Kultur	57
Epilogos	65

„Toute pensée commence par un poème"
(Alain, *Commentaire sur ‚La jeune Parque',* 1953*)*

Erkenntnis

WAR NICHT DER ERSTE GEDANKE

Ein Feuerrausch, grell, lodernd, unnachgiebig,
Ein Wasserrausch, atemlos, unbändig, ziellos,
Ein Windrausch, grundlos, körperlos, beliebig,
Ein Erdrausch, moderig, inwendig, fruchtbar?

War nicht der *letzte* Gedanke stets all dies?

VORAUSSETZUNGSREICH GEHEN WIR ANS WERK
– Bemerken es kaum –
Wenn unser Organon der Sprache ein
„Ich denke"
In die Welt baut.

Kaum auf den Beinen fällt es schon,
Am Sog der Zeit,
Am Trug der Zeit
Und täuscht sich heimlich
Wieder in sie ein.

Jauchzend stellt es seine Hinterbeine auf,
Als auf weichem Boden sein Ich
Einfach nicht gelingen will,
Noch weniger sein Denken
Auf geschwächten Vorderläufen.

Was gerade noch Tier, will jetzt schon Mensch sein,
Nur am Rand der Nacht wird ihm gewahr,
Was all die Zeit sein Schatten war:
Ein Meer aus Nicht-Gedachtem.

DAS DENKEN IST EIN WEG,
Nie an seinem Ende,
Gabelt sich, kreuzt sich, verläuft sich.

In hoher Luft zeigt sich erst
Komplexes Flechtwerk,
Vorbehalten den Sich-Lösenden,
Artisten, die im Sumpf zu fliegen vermögen.

Formenschauer sind sie, a priori-Verliebte,
Vergessen von Zeit zu Zeit,
Dass sie heimlich selbst geworden.

Sollten sich hüten vor Denkgesetzen,
Diesen heiteren Suggestiven von Eternalität.
Sollten sich hüten
Vor flügellosen Neuro-Materialisten,
Schläfrig am Boden der Tatsachen geblieben.

Schafft nicht erst Fliegen Emergenz,
Oder Emergenz das Fliegen,
Wer weiß das schon?

Vergesst nur die Sinne nicht,
Transzendiert sie ruhig,
Lehnt euch dann zurück in ihr Augenwerk,
Denn es gab eine Zeit, als Sehen Denken war
Und Denken der Flug des Auges
Zwischen Himmel und Horizont.

DER BLICK GEN HIMMEL WAR AUFBRUCH,
Ein Bruch, der im Kern Verdopplung war,
Begleitet von gellendem Gelächter.

Wer Gestalt sah, sah sie bald *als* solche,
Sah in der Solchen das Allgemeine
Und gebar die Idee, welche,
Zerbrechend an der Erfahrung
Die Unschuld des reinen Sehens alsbald verlor.

Aus der Bruchlinie erstanden – seltsamerweise –
Gestaltlose, ohne Terrain, heimatlos, erfahrungslos,
Schwemmten allesamt durch die Ideengeschichte,
Mal gut genährt, mal halb verhungert,
Blieb ihr Skelett stets lebendig.

Das Ungreifbare begreifen,
So will es begriffen werden,
Dort draußen, wo unser inwendiger Geist,
Nach Sein, nach Gott und Freiheit sucht.

MANCHE DACHTEN, DAS DENKEN
REITE AUF BEGRIFFEN
Durch Täler, durch Höhen, unter Himmeln –
Nur Meer und Erdreich konnten nie erritten werden.

In Wahrheit war Wahrheit nie das Ziel der Reise,
So wie der Reiter stets das Sein beritt
Und nicht Begriffe.

Es gab Reiter, die dachten, man müsse Begriffe
Nur lang genug reiten,
Um sie in Wirklichkeit, ja,
In Wahrheit zu verwandeln.

Andere Reiter lachten wiederum, denn sie ritten
Seitwärts, rückwärts, gar nach oben, gar nach unten,
Sahen stets Menschen am Werk,
Entlang der Sprache, entlang der Geschichte,
Beide unvollendet.

Lange schon waren sie der großen Illusion
Des denkenden Ich
Als *factum metaphysicum* entritten.
So befreiten sie es gleichsam
Von alter, nicht von neuer Last.

DAS AUGE SYNCHRONISIERT DIE WELT,
Lautlos und widerspruchsfrei.
Der Geist tat es nie,
Vergaß die Natürlichkeit des Evidenten.
Er schied immerfort
Meinen von Wissen,
Zweifel von Wahrheit,
Vernunft von Erfahrung,
Gebar sich eine Odyssee,
Ein immer währendes Rauschen,
An dem er sich folgenreich abarbeitete,
Übersah sich am Ende selbst
Wie das Auge mit seiner stummen Intelligenz.

SO HAT DIE SPRACHE
Seit unvordenklicher Zeit
Mit Muße und Penetranz
Das Haus des Seins durchdrungen.

Jedem Ding sein Wort,
Überstrahlte sie bald jenes
Im Glanze ihres eigenen Wesens,
Vergaß überdies ihre Bewohner,
Deren Handwerk Werk-Zeug war.

Hingegen diese Handwerker –
Waren sie bloße Konventionalisten?
Der denkende Blick zurück
An längt verlorene Ursprünge
Stolperte nur durch nebulöse Nichtse,
Besann sich bald des Nächsten,
Der Aura seiner Gattung.

Schauend den sprechenden Menschen,
Wird sein Geist zum Objekte,
Sein Begriff zur Vor-Stellung,
Sein Du zu meinem Ich
Und eint uns auf uns
Als Gewordene und Werdende.

Geschichte

HAT EIN VOLK GESCHICHTE,
Weil eben *das Leben*
Blüte und Verfall hat?

Hat ein Volk Geschichte,
Weil *die Zeit*
– Die nie gesehene Herrscherin –
Fortzuschreiten scheint?

Spuren hinterlässt sie,
Negative der Ver-gangen-heit,
Niemals mehr werden wir
So gehen wie sie.

Was wir in ihnen lesen ist schon
Der Spiegelblick nach vorn.
In diesem Spagat schreit uns
Die eigene Leere an:
Erzählt will sie sein,
Damit sie an unserem Bette
Uns den Schlaf als Menschen reiche.

GESCHICHTE ERZÄHLT GESCHEHENES,
Als ob es ein solches war.
Was war, stirbt jedoch
Über der Kluft der Zeit.

Erstorbenes vergleichen wir
Als Lebende,
So muss das Unsrige
Entwickelt sein
Aus alten Kultur-Nekrosen,
Partiell, dann universell.

Ein Gewebe-Netz
Umspannt alsbald den Erdenball,
Magisch, sich selbst erneuernd,
Suchte man nach Kräften,
Die verborgen zwischen Geistesschichten,
Das Licht der Vernunft ersehnten.

NUR IN TRÜGERISCHEM GLANZ
Erblüht das Telos der Geschichte,
Getrübt von kalten Schatten,
Im feuchten Mauerwerk der Seele.

Nur Inzucht und Verderbnis
Bringt die Gattung Mensch,
Wenn Selbstsucht und Vernunft sich küssen,
Aus gleichem Keime stammend.

Nur solang das Blut nicht fließt,
Aus Mündern und zerfallnem Fleisch,
Bleiben Ideen gesellig, ungesellig
In der Pflicht zum besseren Menschen.

GESCHICHTE, DU FUNDAMENTALE,
Du Daseins-Gestalterin!
Vor dir zittert das Wesen Mensch,
Wenn du ihn ummantelst,
Sein Werden in Prinzipien wickelst.

Gar fürchtet er dich,
Wenn dein Forschen *scientia* ist,
Wenn *Subjekte*, dich auf den Schultern tragend,
Zu sprechen beginnen.

Dann taucht der Wille zum Verstehen auf,
Vergisst er nur, dass Selbst-Verständnis
Zu den höchsten Künsten, ja,
Zur letzten Kunst des Menschen zählt.

Erzählst Du dich, Geschichte?
Erzählen wir dich, Geschichte?
Bist Du das Haus unseres Seins,
In das wir einzogen,
Dich gleichwohl nie erbauten?

DER BLICK ZURÜCK ZERBRICHT
Im Jetzt des Noch-zu-Handenen,
Legt Brüche und Risse
Ins Mosaik,
Ersteht kollektive Subjekte auf.

Gleichmütig erzählt er weiter,
Je länger, desto größer sein Vergessen:
Auch Kollektive bergen Unbewusstes,
Leise Leerstellen der Geschichte.

Wirkmächtig steuern sie
Die narrative Form,
Die uns scheinheilig
Aus des Menschen tiefsten Zeiten
Wie Wirklichkeit begegnet.

Am Ende braucht der Mensch
Den Wert, den er sein eigen nennen darf,
Tritt auf ihm im Hier,
Das im Dort der Geschichte versinkt.

GESCHICHTE.
Am Ende verstummt dein eignes Wort,
Erschrickst im Lichte des Verfalls,
Der einst dein Aufstieg war.

Aus Brüchen und Fragmenten
Entsteigt nur Zufall,
Ohne Zukunft, ohne Sinn.
Hoffst erloschenen Auges
Dich freudvoll zu vergessen:
Vermagst Du's schon?

Gedenke deiner,
Mach dich stark
Im Menschen,
Im Dienste deines alten Herrn.

DER MENSCH, EIN MASSSTABS-WESEN,
Wissen will er, woran er sich
Aufzurichten vermag.

Was er zu werden vermochte,
Das ist erzählt, erklärt, verstanden.

Ehedem: Sein Handeln bleibt ein Wirken,
Auch unverstanden.
Daran richte er sich auf,
Dass sein Können nicht sein Sollen sei.

Ethik

MORAL – WIE KAMST DU IN DIE WELT?
In deinem Namen Menschen sterben,
In deinem Namen Menschen sich bewahren.

Hat Gott sie uns ins Ohr gerufen,
Sodass sein Wort uns Lehre sei,
Gleichviel Gott selbst gerufen wurde?

Oder schlug das Schwert an Vaters Hals
Tiefe Kerben in zerissenes Gewissen,
Fortan das Ich den Reue-Schatten
Schwer und stetig über sich ertrug?

Dann schaue noch, das Tier,
Ist dein Moralisieren denn mehr
Als der Ruf des Rudels,
Gedankenlos entwickelt auch in dir?

Moral – dein Woher im Nebel der Zeit,
Soll dein Wohin des Menschen Wohltat sein,
Wenn Pflicht und Freiheit sich umarmen.

DER MENSCH BEDARF DER TUGEND,
Damit er sich erhebe
In gleich gesinntem Sein,
Das sich vorzüglich selbst gebietet.

So wird Moral zur Wahl des Selbst
Im Andern, der ich auch je bin.
Die Andern machen mich zum Wir,
Wenn wir uns aneinander leiten.

Was uns auch leite, es gereiche uns
Zum Prinzipiellen, wohlbegründet will es sein,
Und spiegelt uns auf uns zurück,
Was unser Geist an Menschlichkeit vermag.

MAN WERFE DAS SPINNENNETZ DER MORAL
Dem Menschen auf sein Haupt:
Wem ist das Sollen schon sein Wollen,
Bevor er zum Gespinste wird?

„Mir ist's so!" schreit der Blinde,
„Ich nehme, weil andere es mir geben",
Versinkt mit einem Bein in Amoralität,
Das zweite schon in Fäulnis steten Sich-Seins.

Der nächste möchte nur vermeiden
Der Meute Schelte, wenn er sich erhöbe
Aus vieler Köpfe Gleichschritt,
Den edlen Menschen noch in fernster Ferne.

Genau an diesem Ort sitzt jener,
Bei Tag und auch bei Nacht,
Sein Wollen achtet sich
Im Glücke seines Nächsten.

AUS PFLICHT HANDLE DER MENSCH,
Ohne Zweck und ohne Nutzen,
Wenn der Wille, gut und rein,
Erstrahlt wie ein Juwel.

Er prüfe sein Prinzip, vernunftgemäß,
Ob es tauge zum Gesetz,
Ihm zum Gebieter werden kann,
Weit weg vom Schmutze der Erfahrung.

Dann mag sein Handeln kategorisch sein,
Noch unverletzt vom Widerspruch,
Dem Albtraum der vernünftgen Wesen.

Am Ende strahlt der Mensch noch mehr,
Gehorcht nur dem, was er gemacht,
Verfüger seines Willens,
Zu dem er sich entscheide.

WO EINIGE OASEN SAHEN,
Sah ein anderer kahle Wüsten,
Vernunft ist Nach-Werk an Moral,
Zu einen, was nie eines war,
Presst aus Schieflagen
Ein Kunstwerk an Begründung.

Wie könnte *meine* Pflicht
Nicht je die meine sein?
Wer widersprechen mag, der offenbart
Verschmähtes Unvertrauen
In die Strahlkraft von Gesetzen.

Lasst euch nicht verführen,
Grabt tiefer in altem Vertrauen,
Vorbei an Wahrheit, der amoralischen,
Vorbei an Herkunftsglauben,
Vorbei am Trugwerk eigener fremder Sitte:
Moral, fragtest du je nach *deinem* Wert?

**SITTE, VERBIRGST SO MÜHSAM
DEINE HEILSAMKEIT,**
Deinen einstigen Nutzen,
Verbirgst dich gar vor dir selbst,
So lässt sich in dir leben, lautlos, ungefährlich.

Erhöhst dich mittels einer Lüge,
Damit der Mensch zum Menschen werde
Im *guten* Menschen, dem Selbstgerechten,
Dem Herren der Moral, mächtig,
Gebiert die Kaste schlechter Mensch
Vom Schlage eines Sklaven.

Am Horizont der Vornehme,
Einsam im Jenseits der Herdentiere.
Sein Ziel unbestimmt,
Macht er sich auf den Weg
Werte zu erraten
Im Genius seiner Sonderheit.

WOLLEN, GESCHENK DER FREIHEIT,
Nur leise flüstert es:
„Bin auch dein Sollen."

Manch einer will es nicht,
Auch kluges Räsonieren
Ist ihm Verachtung wert,
Kalt und einsam.

Welch Mensch man sei,
Am Ende ist's beliebig,
Nur jenem nicht,
Dem Grenze wahre Freiheit ist.

Mensch

WURDEST DIR SELBST
ZUM GEGENSTAND, MENSCH,
Standest vor gewaltiger Aufgabe:
Wie sich zum Objekte machen
Aus unentrinnbarer Subjektivität?

Der unverstellte Blick –
Von wo aus sähe er
Dein Wesen, wie es ist?
Indessen Gottes Auge
Es vermag und je vermochte?

Die alten Fesseln,
Du wolltest sie nicht mehr,
Warst *selbst*bewusst
Dich zu wissen
Als dein eignes Ziel.

Jedoch: *Wohin* entwirfst du dich,
Freigelassener? Noch beschwert
Vom Banne der Natur,
Schwankst du zwischen
Überforderung und ihrem Widerspiel
Wie ein tanzender Betrunkener.

AUS MANGEL AN NATUR
Überfluss zu säen
Verstand der Mensch,
Die Frühgeburt,
Als er sich neu gebar,
Sein Geist nun sah,
Was *tätig* zu verändern war.

Kultur wurd ihm zur Waffe,
Blieb sein Imperium,
Doch stets gefährdet,
Wenn inhibitorisches Gebälk
Sich gegen Trieb und Tier erstemmte.

Die Last entlasten,
Wenn alles ist voraussagbar?
Dann bleibt Persönlichkeit
Ein kläglich Rest,
Ein Tanzender in Ketten.

MENSCH, DEIN KÖRPER EIN BEIWERK,
Notwendig und schön.

Noch schöner dein Leib,
In ihm vermagst du
Erleben zu erleben.

Durch deine Grenzen erst
Vermagst du andere zu berühren,
Dein Für-dich-Sein
Ist Same deines Ausdrucks.

Aus dich heraus gegen dich
Ergründest du dein Wesen.
Wo du nicht bist,
Dort hast du dich
– Ohne Mitte –
In die Welt gestellt.

Richtest dich auf,
Tätig am Horizont
Gegen Gott und Leere,
Seltsam verschränkt.

Stirbst dein Leben
– Nicht deinen Tod –
Sehenden Auges,
Vergisst dich ein zweites Mal.

EIN SONDERLING ABSONDERLICH
Am Rande seines Selbst,
Stanzt ein Ding heraus,
Stellt es brüchig in das Sein
Von Jetzt und Hier und So.

Macht uns lachen,
Stellt es schlüssig, diesmal
Über Jetzt und Hier und So
Und macht uns wesen.

Nur Neinsager können
Eine Welt haben,
Sie gegen sich stellen,
Ihr Sosein überwältigen,
Asketisch und nimmersatt
Aus unentrückter Mitte.

IM ZWEISCHRITT MIT NATUR UND DING,
In sinnlich Arbeit ruht,
Was Mühe war
Und steht uns gegenüber
Als eignes Menschenwerk,
Erschöpft durch Wahl und Tat.

Zur Gattung hin heißt sich begrenzen
Im Selbst des Gleichen Antlitz,
Im Gegenlauf bleibt nur Entfremdung
Von dem, was einst das Eigen war,
Verwertlost in abstrakten Mitteln.

Einander hebt sich Freiheit
In Bedürfnis und Gestalt
Dem Menschen näher,
Ihm, seinem ersten Wollen.

TRITT EIN UND DANN HERVOR,
Kein Gott steht über dir,
So frei kann nur ein Wurf
Die Angst dir in die Glieder treiben.

Scheu und kalt und nackt
Stehst du in der Welt,
Ob das Nichts am Horizont
Nicht erst dein Sein errichte?

Nicht Wahrheit ist die Frage,
Die Frage ist die Wahrheit,
Verurteilt ist dein Weg nach Würde.

Was machst du nun aus dir,
Vor Angst und Wahl gestellt?
Erhebst dich in Verantwortung,
Wenn alle Welt sich höbe.

An Freiheit mangelt es dir nicht,
Dem andern ebenso,
Macht ihr euch aneinander
Zum Täter eures Lebens,
In Scham und Lust und Tod.

DER MENSCH,
SICH SELBST GESCHAFFEN,
Er wäre jenes,
Was er von sich weiß.

Wiewohl er mehr ist,
Ihm selbst verborgen,
So ist Gott ihm,
Was er noch nicht gefunden.

Was möglich bleibt,
Bleibt hoffnungsvoll,
So wagt er ein
Noch-werden-Können.

Ob er es ist,
Ob Gott es ist,
Sie bleibt
Die letzte aller Fragen.

Wahrheit

WAS WAHRES SEI,
In Wort und Tat,
Es will uns kaum gelingen.

Wer wagt vom Wesen erst zu sprechen,
Da beide doch gleich viel verborgen?

Zu enden im Bemühen,
Bescheidet man sein Wissen,
Wo nur noch Destillat
Zum Zwecke reicht,
In Dunst, in Sprache.

Greifbar nah, gespenstisch fern
Obliegt es uns
Adieu zu sagen:
Dem Wahren, dem Falschen.

WAHRHEIT, DU KLINGST MIR WIE EIN DING,
Als könnt ich's fassen,
Als könnt ich's biegen
Auf sich zurück
Und von sich weg.

In Wahrheit gibt es nur Bedeutung,
Nur niemand wagte zu behaupten,
Bedeutetes sei wahr.

Spring tief vorbei
An Sprache und an Form,
Kann Sätze doch verstehen,
Nicht wissend, ob sie wahr.

So frag ich mich,
Was da geschieht,
Wenn Wahres meine Lippen kreuzt?

Viel lieber will ich schweigen
Mit alter Träne Sehnsucht,
Als Aura noch
Bei Werk und Wahrheit stand.

WER WAHRHEIT SAGT,
SAGT AUCH VERTRAUEN:
„Beweis es mir,
Ich will's nur wahr."

Wer Wahrheit sagt, sagt auch:
„Plausibel klingt's,
Was du da sagst,
Möcht wissen,
Ob du's auch so meinst."

Wer Wahrheit sagt, sagt auch:
„Begründ sie mir,
Dann halt ich *dich* für wahr
Und mit dir gleich dein Reden."

Wer Wahrheit sagt, sagt auch:
„Wahrscheinlich ist es wahr,
Wenn nicht, dann auch."

MAN STOSSE WAHRHEIT VON DEM THRONE
In des Volkes Taten.
Gar anders wird sie schimmern,
Recht grau und stumpf und nebenbei,
Ersteht sie auf als ein Verfahren
Von Anspruch, Traum und Wirklichkeit
Den Vorteil zu bewahren.

Was offen liegt als Wahrheit,
War sie *gelegt* wahrhaftig?
Welch Menschentyp verbirgt,
Was unverborgen steht
In jedermannes Auge?

Wer schreit nach Zeugen,
Wer schweigt zu beugen,
Was niemals, niemals geht?

Was Wahres sei,
Verkündet oder nicht,
In der Wahrheit Nachbarschaft zerbricht,
Was Lug, was Trug, was Macht.

WENN PHILOSOPHIE EIN STREBEN SEI
Nach Wahrheit,
Ist der Philosoph dann nicht
Ein Zielverehrer, ein Steuermann,
Dessen Trachten ein Wollen,
Das *zu weit* hinaus will?

Ist der Philosoph nicht ein Lenker,
Der vergaß
Sein eigenes Gelenkt-Werden?

Ist dies Sehnen nicht
Ein Strecken, ein Versteifen,
Ein Über-spannen – in Wahrheit?

Können Stützen, die emporragen
Uns jemals tragen,
Uns thronen,
Wenn ihr Wurzelwerk
Am falschen Ende?

DIE ALTEN WEISEN, SIE WUSSTEN:
Des Menschen Erkenntnis,
Sie ist ihm ein Mangel,
Ein Rückstand per se,
Ein Auftrag, sich *vor* ihn zu stellen
Im Nebel ewiger Wahrheit.

Wo Reden wird Wissen,
Begründet und wahr,
Im *Logos* gewinnt,
Was vormals noch Meinen war.

So geht er, wie ein Soldat,
Von einem zum andern,
Zum Dritten und von ihm zurück,
Sein Wort Ideen schaut,
Teil hat in doppeltem Sinn.

Ein Kosmos von Wahrheit,
Die Welt nun zerteilt,
Ein Ausgang aus Höhlen,
Den Weisen bereit.

ES GAB JENE, DIE WOLLTEN
GESETZE DES WAHRSEINS,
Mathematiker der Sprache,
Ent-stellten Sätze so lang
Bis sie zu Gleichungen wurden.

Es gab auch jene, die schielten tiefer,
Um in der Wahrheit
Den großen *Irrtum* zu sehen.

Sie kündeten von leidenden Menschen,
Die sich der Wahrheit opferten,
Jahrhunderte, Jahrtausende,
Schon lange blind
Für den Widerspruch Ihres Lebens.

Wahrheit war ihnen
Ein blindes Sollen
Aus Jenseitigkeit,
Dem kalten Draußen,
Furchteinflößend, mächtig.

Immer noch braucht
Die Verborgenheit im Menschen
Erhellung,
Damit er sich endlich
In Unverborgenheit
An sich selber aufrichte.

Natur

DEMÜTIG BLEIBE DER MENSCH,
Wenn Natur, die Anderweitige, ihn übersteigt
In ihrem Hauch von All-Verknüpfung,
In ihrem Künden vom Ganzen
Im noch so geringsten Teil,
Im Sphärenkonzert,
Von einzelner Note entsprungen.

Es hüte sich der Mensch,
In Natur und Betrachtung versunken,
Am Ende nur sich selbst zu sehen,
Gefangen von filigranen Feinden
Seines eigenen Geistes.

Nur sie gehört sich selbst und wir ihr,
Ihr Sprechen braucht unser Ohr
Im Klangraum unendlichen Erscheinens,
Den Geist der Wahrheit zu vernehmen.

Im steten Strom, im steten Wandel,
Wird Amorphes zur Gestalt,
Vereint, entzweit, zerfällt,
Entzogen dem Menschen,
Gleichhin offenbart,
Beharrlich sein Streben
Aus zartem Kraftgebaren
Einheit und Regel zu schauen.

NATUR, DU GEBORENE,
Du Gewachsene, du Vergangene,
Im Zyklus *deiner* Gesetze,
Die unsrigen nur Tau.

Allbelebt bist du,
Dein toter Teil –
Chimäre unseres Verstandes.

Des Menschen größter Fehler
Als er Kultur und Geist
Deinem Mutterbauch entband,
Ihm die Frage entstand,
Welchen Wert du habest.

In Wahrheit versuchte der Mensch,
Dir Wert zu werden.
Als schaffende Geschaffene
Vergaßen wir dich,
Verlorst du uns
Aus deinem Besitz.

Dich zu denken
Ohne metaphysischen Umweg,
Damit ein vernünftig Keimen
Unserer Vernunft den Anfang
Eines rettenden Bittens entfalte.

NATUR, MEIN FETISCH,
Schaute in deine Augen
Als du mich erdrosseln wolltest,
Brach mir das Genick
In dem Versuch, dich
Tief genug zu sehen.

Lange schon mit dir im Kampf,
Standen beide auf Treibsand,
Waren uns nicht Gegen-Gift,
Waren uns nicht Rettende
Im Banne der Gefahr,
Waren einander Zuschauer,
Niemandes Hand reichte zum andern.

Kein Gericht konnte uns richten,
Waren längst Gerichtete
Eines lautlosen Klagens,
Gingen in ein Niemandsland –
Hand in Hand.

VOM SEIENDEN ENTZWEIT
Natur
Bewegtes in die Welt,
Getrieben von Verfall,
Getrieben von Erhalt.

Des *Menschen* Werk verharrt,
Bleibt müd und träge liegen,
Begierig nach Bewegung
Am Atem der Natur.

Fragt sich, welch Natur es sei,
So kennt es zwei,
Materie und Form.

Wo sie sich küssen,
Ragt ein Ding aus sich heraus,
Begründet sich am Urquell
Von Prozess und Zweck,
Mal als Schatten,
Mal als Jetzt.

Am Ende erwachen beide,
Natur und Mensch,
Vom Schlaf enthoben
Noch trunken zu erkennen,
Ein stummes Um-zu sie verband.

WER DIE NATUR DES MENSCHEN SUCHT,
Der findet den Menschen in der Natur,
Als Geistwesen, das Große Portal,
Nach dem man begann,
Den Menschen Mensch zu nennen,
In seinem Widerwirken gegen sich,
In seinem Wirken in Geschichte,
Verloren im dunklen Topos
Seiner entgrenzten Seele.

Der Mensch, der immer schon
Zu-spät-Gekommene,
Der *Nach*-der-Welt-Geworfene,
Hat er dennoch die Mittel,
Sich organisch-seelisch-geistig über das
Ihm-immer-schon-zuvor-Gekommene
Als Mensch zu erheben,
Als Volk, als Geschichte.

Der Mensch, der finale,
Die Natur, die kausale,
Treffen sich im Nexus
Von Blindheit und Sehen-Können.
Wer vermag schon zu sagen,
Wer wen bestimmt, wenn
Abschiedslieder auf metaphysische Natur
Zu ihrer Degradierung führt,
In Verfügung und Beherrschung
Durch den Menschen,
Der in der Flut des Immer-zuviel
Dennoch nicht ertrinkt.

NATUR, KANN EIN GEDICHT
VON DEINER EINHEIT SPRECHEN,
Es selbst schon zerfällt?
Dich sieht, wie du blühst
In der Einheit deiner Gesetze,
In der Allheit deiner Objekte,
Unsere Welt erschaffst,
Unsere Erfahrungen verknüpfst,
Uns zu Subjekten machst,
Dich zu schauen als das Ganze,
Dein Sein in unserem Denken zu einen.
Zu einen, was Vieles ist,
Zu einen, was Teile hat,
Dich anfangslos, endlos, ortlos zu denken.
So ruht unser bewegtes Ahnen
Nur scheinbar, anders du:
Bist weder Ruhe, noch bewegt,
Bist ungeschieden, ungleich zu allem,
Darin du *Einheit* bist –
Das Eine nicht,
Wie ein Gedicht.

‚BLEIB DOCH NOCH,
SCHON BALD SIND WIR TOT',
Denn wir wie die Dinge fließen
Unerhört beständig
Gegen alle Beständigkeit,
Für alle Beständigkeit.

Was fließt, wächst zusammen
Im Datum des Ereignisses.
Abstrahiert, eliminiert Einheiten,
Damit Eines sichtbar werde.

Was fließt, schafft eine Brücke.
Zwischen mächtigen Bögen,
Aus kraftbehangener Vergangenheit,
Rauscht entstehende Gegenwart.

Am Brückengeländer der Mensch,
Wächst er an der Nahtstelle
Seines metaphysischen Willens
Ästhetisch zusammen
Mit wirklichen Ereignissen,
Mit vor-wirklichen Ereignissen.

Kultur

UNGELENK STEHEN SICH MENSCH UND WELT GEGENÜBER,
Warten auf Erlösung im Namen der Kultur.

Die Seele, die rastlose, nimmt ihren Weg auf,
Mit Kraft und Intellekt Objekte zu schaffen,
Damit sie ihren Eigenwert erfahre.

Die Kultur, die geronnene,
Verlebendigt sich durch
Seelische Bedeutsamkeit
Und lehnt sich zärtlich an Subjekte.

Befriedet gelöst aus der Grundspannung
Von Prozess und Inhalt
Schaut das Bewusstsein
Auf sein Werk, fröstelt schon,
Weiß schon um seinen Auftrag,
Das Dasein stets zu steigern,
Gestern, heute, morgen.

ALS NATUR ERMÜDETE
Nach langer, geduldiger Arbeit,
Sehnte sie des Menschen Schulter,
Erbat sich eine Auszeit,
Auf dass der Mensch
Nachahme, vollstrecke, vollende,
Sich im Namen der Kultur
Seinen Rang im Seienden bestimme.

Mit steigendem Eifer,
Mit großem Pathos,
Überbot er sie,
Blieb dennoch stets
Hinter ihr zurück.

Heute der Mensch,
Mit schweren, dunklen Augen,
Sehnt er der Natur nach,
Auf dass sie ihm den Weg weise,
Lektionen von Demut erbittend.

**IST DIE NEUE WELT WIRKLICH
IN SO EXPONENTIELLER FERNE**
Von allem, was vordem war?

Kristalle, als Schlüsselattitüden
Vormals lose verstreut,
Bringen uns heute dichte Kulturstürme,
Darin uns schwindelig wird.

Erzeugen Ströme geistiger Entkopplungen,
In die sich Wirklichkeit nicht mehr fügt,
Gar umgekehrt scheint es,
Um-ge-kehrt scheint ehedem alles.

Überall Verdichtungszentren,
Die großen Paralyse-Maschinen,
Auf scheinbar fester Erde,
In Wahrheit nichts als Sanddünen,
In denen Avantgardisten ungeduldig
Bewegungsfreiheit ersehnen.

Bringen wir mutig die neue Welt
In exponentielle Nähe
Zu allem, was vordem war.

KAM IN DIE WELT
ALS NICHT-SELBSTGEBORENER,
Gestoßen zum zweiten Schöpfungsakt,
Akkulturiert zu werden im Auftrag
Mich zu enkulturieren
In Richtung des Zenits,
Am Wegesrand geziert
Von tätigen Sphären-Blumen
Meines unerfüllten Menschseins.
Mich zu befreien, mich zu gebären
Im dritten Akt, schon jenseits des Zenits,
Wo die Welt, gerade noch die meine,
Mir durch die Finger rinnt,
Wenn Sprache, Sein und Schönheit
– Einst strahlend *vor* Entfaltungs-Stufen –
Erblassen im Gedächtnis der Kultur.

BEWOHNEN GEMEINSAM KULTUR,
Dieses endlos geflochtene,
Farbenfrohe Gewebenest.
Errichten seit Jahrtausenden
Dies konnektive Gebälk,
Spannen es mutig auf,
In Zeit, Raum, über sie hinweg.

In ritueller Strenge
Entrinnt Vertrauen stetig
Unseren diachronen Poren,
Orientiert uns am anderen Uns,
Indem wir Erinnertes bedeuten,
Bedeutsames erinnern
– Etwas verloren –
Im entgrenzten Speicher
Subjektiver Kollektivität.

DAS WORT VERDUNSTET IN DEN ÄTHER
Es kaum gesprochen ist,
Mit jeder Seele stirbt
Gedächtnis und ein Leben.

So stürbe auch der Mensch,
Bevor er sich gewesen ist,
Bevor sein Handeln und sein Geist
Ihn über sich erheben.

Vermag er doch die Dauer
Zu zeichnen in die Zeit,
Zu ordnen und erhalten
Spektrale von Graphemen.

IM SPIEGELSAAL ERBLICKT KULTUR
Ihr mythisches Gedächtnis,
Erfühlt im Aufstieg und im Fall
Ein Missverständnis der Natur.

Als Hochkultur nur Operette,
Gereicht sie nicht zur Oper,
Zerbirst an tollem Wagnis.

Aus Missklang auferstanden,
Gebiert sie kühnes Alterswerk,
Verbannt ein Meer aus Scherben
An unberührtes Mauerwerk.

Epilogos

DER ERSTE GEDANKE,
AM RAND DER NACHT,
Zwischen Himmel und Horizont:
So will es begriffen werden,
Das Denken *zur* Wahrheit.

Der Geist übersah sich selbst
Mit Muße und Penetranz,
Weil das *Leben* Blüte hat.

Suchte man nach Kräften,
Getrübt von kalten Schatten,
Dann taucht der Wille zum Verstehen auf
Aus des Menschen tiefsten Zeiten.

Aus Brüchen und Fragmenten,
Das ist erzählt, erklärt, verstanden,
Wenn Pflicht und Wahrheit sich umarmen,
Im Andern, der ich auch je bin.
Genau an diesem Ort sitzt jener
Noch unverletzt vom Widerspruch.

Ein Kunstwerk an Begründung,
Damit der Mensch zum Menschen werde,
Ist ihm Verachtung wert.
Jedoch: *Wohin* entwirfst du dich,
Ein kläglich Rest,
Ohne Mitte in die Welt gestellt?

Ein Sonderling absonderlich
Im Zweischritt mit Natur und Ding,
Tritt ein und dann hervor.
Was möglich bleibt, bleibt hoffnungsvoll,
Es will uns kaum gelingen
Mit alter Träne Sehnsucht.

Wer Wahrheit sagt, sagt auch,
Was unverborgen steht.
Ist dies Sehnen nicht
Ein Rückstand per se,
Schon lange blind?

Demütig bleibe der Mensch
– Ohne metaphysischen Umweg –
Tief genug zu sehen,
Getrieben von Verfall,
Den Menschen Mensch zu nennen,
Zu einen, was Vieles ist
Aus kraftbehangener Vergangenheit.

Ungelenk stehen sich Mensch und Welt gegenüber,
Mit steigendem Eifer,
In Wahrheit nichts als Sanddünen.
Einst strahlend *vor* Entfaltungsstufen
In Zeit, Raum, über sie hinweg:
Das Wort verdunstet in den Äther -
Ein Missverständnis der Natur.

Alphabetisches Verzeichnis der Gedichtanfänge

VORWORT 5

Als Natur ermüdete	59
Aus Mangel an Natur	35
Aus Pflicht handle der Mensch	29
Bewohnen gemeinsam Kultur	62
‚Bleib doch noch, schon bald sind wir tot'	56
Das Auge synchronisiert die Welt	15
Das Denken ist ein Weg	12
Das Wort verdunstet in den Äther	63
Demütig bleibe der Mensch	50
Der Blick gen Himmel war Aufbruch	13
Der Blick zurück zerbricht	22
Der erste Gedanke, am Rand der Nacht	66
Der Mensch bedarf der Tugend	27
Der Mensch, ein Maßstabs-Wesen	24
Der Mensch, sich selbst geschaffen	40
Die alten Weisen, sie wussten	47
Ein Sonderling absonderlich	37
Es gab jene, die wollten ...	48
Geschichte.	23
Geschichte, du Fundamentale	21
Geschichte erzählt Geschehenes	19
Hat ein Volk Geschichte?	18
Im Spiegelsaal erblickt Kultur	64
Im Zweischritt mit Natur und Ding	38
Ist die neue Welt wirklich ...	60
Kam in die Welt als Nicht-Selbstgeborener	61
Manche dachten, das Denken ...	14
Man stoße Wahrheit von dem Throne	45

Man werfe das Spinnennetz der Moral	28
Mensch, dein Körper ein Beiwerk	36
Moral – wie kamst du in die Welt?	26
Natur, du Geborene	51
Natur, kann ein Gedicht ...	55
Natur, mein Fetisch	52
Nur in trügerischem Glanz	20
Sitte, verbirgst so mühsam ...	31
So hat die Sprache	16
Tritt ein und dann hervor	39
Ungelenk stehen sich Mensch und Welt ...	58
Vom Seienden entzweit	53
Voraussetzungsreich gehen wir ans Werk	11
Wahrheit, du klingst mir wie ein Ding	43
War nicht der erste Gedanke?	10
Was Wahres sei	42
Wenn Philosophie ein Streben sei	46
Wer die Natur des Menschen sucht	54
Wer Wahrheit sagt, sagt auch Vertrauen	44
Wo einige Oasen sahen	30
Wollen, Geschenk der Freiheit	32
Wurdest dir selbst zum Gegenstand ...	34

Vom gleichen Autor erschienen:

Dirk Büsken

Seelennachtgrenzgänge

Die Nachtseite der Seele ist eine Schlafwandlerin, stets an der Grenze zum Tag. Die Tagseite der Seele ist eine Bewusstseinswandlerin, stets an der Grenze zur Nacht. Ihr ganzes Leben erschöpft sie sich in solchen Grenzgängen, vorbei an Lust und Schmerz, Klarheit und Verborgenheit. Wohin also blicken, wenn nicht seelenwärts?

ISBN: 978-3-7347-7910-7

www.dirkbuesken.de